LAVELEYE et SPENCER

L'ÉTAT ET L'INDIVIDU

OU

DARWINISME SOCIAL ET CHRISTIANISME

TRADUIT

DU *CONTEMPORARY REVIEW*

Tirage à part de la *Revue Internationale*

FLORENCE
IMPRIMERIE DE JOSEPH PELLAS
Rue Jacopo da Diacceto, 10.

1885

LAVELEYE et SPENCER

L'ÉTAT ET L'INDIVIDU

ou

DARWINISME SOCIAL ET CHRISTIANISME

TRADUIT

DU *CONTEMPORARY REVIEW*

Tirage à part de la *Revue Internationale*

FLORENCE
IMPRIMERIE DE JOSEPH PELLAS
Rue Jacopo da Diacceto, 10

1885.

> La nature est l'injustice même.
> RENAN.

M. Herbert Spencer a réuni, en un écrit publié récemment et portant le titre de : *The man versus the State*, quatre articles publiés d'abord dans la *Contemporary Review*. Cette étude mérite l'examen le plus attentif, parce qu'elle traite d'une façon magistrale la principale question sociologique de notre époque. Jamais, je crois, la théorie individualiste n'a été mieux exposée. Elle s'y trouve appuyée sur des arguments qui paraissent irréfutables, car ils sont déduits des premiers principes de la science et corroborés par un nombre considérable de faits très clairement analysés et admirablement groupés. En même temps, ces pages sont pleines de vérités utiles et de leçons, dont peuples et gouvernements peuvent tirer le plus grand profit. Les déductions du maître sont si serrées qu'on se sent entraîné, malgré soi, à accepter ses conclusions, et cependant plus j'y ai réfléchi, plus je me suis convaincu que celles-ci sont contraires à l'intérêt réel de l'humanité.

Le but de M. Herbert Spencer est de montrer l'erreur et le danger du socialisme d'État, c'est-à-dire de ce système qui consiste à employer le pouvoir et le revenu de l'État ou des communes, à faire régner plus d'égalité parmi les hommes. Il est certain que, comme le montre l'éminent philosophe, les gouvernements dans la plupart des pays civilisés entrent de plus en plus dans cette voie : en Angleterre, c'est le parlement, en Allemagne, c'est le prince de Bismarck, malgré son parlement, ailleurs ce sont les Chambres ou les villes. Dans cet effort fait partout, avec plus ou moins d'énergie ou de suite, en faveur du relèvement des classes laborieuses, M. Herbert Spencer voit une violation des lois naturelles qui ne tarderont pas à en faire porter la peine aux nations égarées par une philanthropie aveugle et imprévoyante. Je crois, au contraire, que cet effort, considéré dans son ensemble et malgré certaines mesures mal conçues, est conforme non seulement à l'esprit du christianisme, mais aussi aux vrais principes de la politique et de l'économie politique.

Voyons d'abord une question préliminaire, où j'accepte les vues de M. Herbert Spencer, quoique par des motifs différents de ceux qu'il invoque : Quel est le fondement des droits de l'individu et quels sont les limites des pouvoirs de l'État ? M. Herbert Spencer réfute avec une impitoyable logique l'opinion de ceux qui, comme Bentham, font dériver les droits individuels d'une concession de l'Etat, ou qui, comme Matthew Arnold, nient les droits naturels. L'absurdité du système de Bentham est évidente. Qui, d'après lui, crée le gouvernement ? Le peuple. Le gouvernement émané du peuple, crée donc des droits, et ces droits il les confère aux individus, c'est-à-dire aux membres du peuple souverain qui l'a créé lui-même. Quel cercle vicieux, inintelligible ! Ce qui est vrai c'est que les gouvernements définissent les droits, les sanctionnent et emploient la force publique pour les faire respecter ; mais les droits préexistaient dans les individus.

M. Herbert Spencer n'a pas de peine à montrer à M. Matthew Arnold, en invoquant l'histoire de toutes les civilisations primitives, qu'au sein des communautés de famille et de tribu, il existait certaines coutumes, conférant des droits reconnus et respectés, avant que se fût constituée une autorité supérieure méritant le nom d'État. Seulement je pense que M. Herbert Spencer a tort de se servir ici du terme de « droits naturels, » emprunté au langage des philosophes français du XVIIIme siècle et que la philosophie du droit continue à employer en Allemagne sous la forme de *Naturrecht*. La critique si profonde et si juste qu'a fait de cette expression sir Henry Maine, dans son livre *Ancient Law*, fait bien voir tout ce qu'elle cache d'idées vagues et amphibologiques. Les juristes et les philosophes du XVIIme et du XVIIIme siècle, entendaient par « droit naturel » tantôt le régime (*status*) des sociétés primitives, où l'optimisme leur faisait rêver le règne de la justice, de la liberté et de l'égalité, tantôt l'ensemble des droits qui doivent appartenir à tout individu, en raison même de sa nature d'homme. Ces deux conceptions sont également erronées. Dans les sociétés primitives, malgré certaines coutumes qui sont l'embryon du droit, la force règne comme parmi les animaux, et le mieux armé détruit le plus faible. Ce n'est point là, en tout cas, que l'on peut chercher le modèle des constitutions politiques ou des codes civils qui conviennent à un peuple civilisé. On ne peut pas soutenir non plus que les « droits de l'homme, » proclamés par la révolution américaine et par la révolution française, appartiennent à tout individu uniquement parce qu'il fait partie de l'espèce humaine. L'étendue des droits que peut légitimement revendiquer une personne dépend de son aptitude à en faire bon usage. Le même code civil, le même régime politique ne conviennent pas également à une tribu sauvage et à une nation policée. Si le suffrage accordé à tous doit conduire un peuple à l'anarchie ou au despotisme, on ne peut pas dire qu'il est de droit naturel ; car il n'y a pas de droit au suicide.

Quand on va au fond de cette expression « droit de la nature, » on trouve qu'elle n'a pas de sens. Comme le disait spirituellement Xavier de Maistre, irrité de cet appel incessant à la nature, qu'on trouve dans les écrits du XVIIIme siècle: « Nature ! quelle est cette femme ? » La matière, est soumise à certaines lois fatales, et partout les mêmes, comme la gravitation. On peut les appeler les lois de la nature, mais dans les institutions humaines, partout et toujours variables, on ne rencontre rien de semblable. Ce droit supérieur, idéal, que l'on invoque pour condamner les lois existantes et en réclamer la réforme ou la suppression, devrait s'appeler le droit rationnel, c'est-à-dire le droit conforme à la raison.

A tout moment et en tout pays, on peut concevoir un ordre de choses : lois civiles, lois politiques, lois pénales, lois administratives, qui serait le plus conforme à l'intérêt général et le plus favorable au bien et au progrès de la nation. Cet ordre n'est pas celui qui existe, sinon il faudrait dire avec l'optimisme, que tout est pour le mieux dans le meilleur des mondes possibles, et toute demande d'amélioration serait une insurrection contre les lois naturelles et une absurdité. Mais cet ordre peut être aperçu par la raison et défini, avec plus ou moins de précision, par la science, d'où suit qu'il faut le nommer ordre rationnel. Si je demande le libre échange en France, une meilleure répartition de la propriété en Angleterre, plus de liberté en Russie, je le fais au nom de cet ordre rationnel, entendant par là qu'il apporterait aux hommes plus de félicité. Cette théorie nous permet de tracer la limite entre la liberté des individus et les pouvoirs de l'État.

M. Herbert Spencer montre très bien qu'il est des choses que nul ne consentira jamais à abandonner à l'autorité de l'État, ainsi sa conviction religieuse. D'autre part tout le monde sera d'accord pour charger l'État de défendre son territoire, de punir le vol, les meurtres, en un mot de maintenir la sécurité extérieure et intérieure. Seulement ici, comme la plupart des Anglais, M. Herbert Spencer invoque la volonté humaine. « Cherchez, dit-il, ce que la grande majorité des hommes, d'un côté, veut réserver à la sphère de l'individu, et consent, de l'autre, à soumettre aux décisions de l'État, et vous aurez trouvé la limite qu'il faut poser à l'action de l'autorité publique. » Je ne puis admettre, quant à moi, que la volonté humaine soit la source du droit. Jusque récemment, partout et à toutes les époques, l'esclavage était considéré comme une institution nécessaire et légitime. Cette opinion et cette volonté unanimes transformeraient-elles le fait en droit ? Nullement. Le fait était opposé à l'ordre qui aurait amené le plus grand bien, il était donc contraire au droit rationnel jusqu'au XVIme siècle. Sauf quelques anabaptistes que l'on brûlait, tous pensaient qu'il appartient à l'État de régler ce qui concerne la religion et de punir les hérétiques et les athées. Cette opinion générale suffisait-elle pour légitimer l'intolérance ?

Voici, me semble-t-il, ce qu'il faut dire dans l'intérêt de tous les individus, et par conséquent de la société tout entière. Il est une partie de l'existence et des actes de l'homme qui doivent être soustraits à l'autorité souveraine, soit républicaine, soit monarchique. Quelles sont les bornes de ce domaine inviolable de l'activité individuelle ? Ce n'est pas la volonté de la majorité ni même de l'unanimité qui peut les tracer, car l'histoire nous montre combien fréquentes, préjudiciables, monstrueuses même ont été leurs erreurs. Cette délimitation ne peut donc être faite que par la science, qui, à chaque étape du progrès de la civilisation, peut découvrir et proclamer où doit s'arrêter l'action de l'État.

La science sociologique pourra dire, par exemple, qu'il faut toujours respecter la liberté de conscience, parce qu'elle est ce qu'il y a de plus sacré dans l'homme, et parce que l'avancement religieux est à ce prix ; qu'il ne faut jamais porter atteinte à la vraie propriété, c'est-à-dire à celle qui est le produit du travail personnel, parce que ce serait décourager le travail et diminuer la production ; qu'il faut punir les criminels, mais en même temps établir une justice rigoureusement impartiale, afin de ne pas frapper les innocents. Il ne sera pas impossible de formuler ainsi un ensemble de droits essentiels, que M. Thiers appelait « les libertés nécessaires, » et qui se trouvent inscrites dans les constitutions de tous les peuples libres. Il est parfois très difficile de déterminer les bornes exactes qu'il faut mettre à la liberté des individus, dans l'intérêt d'autrui et de l'ordre public, mais la science sociologique peut y parvenir, si l'on entend par là, avec M. Spencer, « l'étude systématique des causes et des effets naturels tels qu'ils se produisent parmi les êtres humains réunis en société » (page 60).

Sans doute, c'est le souverain, roi, assemblée ou peuple, qui fait la loi ; mais la science, quand elle arrive à une démonstration très claire, finit par s'imposer aux législateurs. Certaines vérités ont-elles été fréquemment et nettement exposées, on les respecte. L'évidence forme une opinion universelle qui définitivement l'emporte et qui finit par dicter les lois. En résumé, je pense avec M. Herbert Spencer qu'il faut proclamer très haut, que, contrairement aux doctrines de Rousseau, le pouvoir de l'État doit être limité et qu'il est un domaine réservé à la liberté individuelle qui doit toujours être respecté, mais les bornes de ce domaine doivent être tracées non par la volonté de la foule, mais par la raison ou la science, personnifiées en des corps d'élite en vue du plus grand bien.

J'arrive maintenant à la question principale que je désire traiter. Je pense que l'État doit user de ses moyens d'action, légitimes, pour établir parmi les hommes plus d'égalité proportionnée aux mérites et je crois que cela est conforme à sa mission propre, au droit rationnel, au progrès de notre espèce, c'est-à-dire à tous les droits et à tous les intérêts qu'invoque M. Herbert Spencer.

Je résumerai brièvement les motifs qu'invoque M. Herbert

Spencer, pour démontrer que vouloir, par les lois et l'action du pouvoir public, relever les classes laborieuses, afin de faire régner plus d'égalité parmi les hommes, c'est remonter le cours de l'histoire et violer les lois naturelles.... « Il y a, dit-il, deux types d'organisation sociale très distincts « le type militant » et « le type industriel. » Le premier de ces types est caractérisé par le régime du *status*, le second par le régime du *contrat*. Celui-ci est devenu général parmi les nations modernes et surtout en Angleterre et en Amérique. L'autre type régnait partout autrefois. Le type militant est un système de coopération imposé par l'autorité; le type industriel, au contraire, est un système de coopération libre. La première de ces organisations ressemble à celle d'une armée où chacun est obligé de remplir sa tâche, sous peine de mort, et reçoit, en échange, la nourriture et la paye. La seconde est semblable à celle d'un groupe de travailleurs qui échangent librement leurs services, suivant un prix convenu et qui peuvent se séparer quand ils le veulent. Tant que les États sont en hostilité permanente les uns à l'égard des autres, le gouvernement sera conçu sur le type militant, comme dans l'antiquité. La défense étant l'objet principal de la société, celle-ci doit obéir à un chef comme une armée. Il est impossible de réunir les bienfaits de la liberté et de la justice à l'intérieur avec « la commission » habituelle d'actes de violence et d'iniquité au dehors.

Grâce au progrès insensible de la civilisation et aux réformes obtenues par les libéraux, l'antique État militant a été, peu à peu, dépouillé de ses pouvoirs arbitraires; le cercle de ses interventions se rétrécissait sans cesse; les hommes devenaient libres dans l'ordre économique comme dans l'ordre politique. Nous marchions rapidement vers le régime industriel du libre contrat. Mais récemment les libéraux, en tout pays, sont entrés dans une voie opposée. Loin de continuer à restreindre les attributions de l'État et à le désarmer, ils veulent étendre ses pouvoirs, et ils arrivent ainsi au socialisme, dont l'idéal est de remettre au gouvernement la direction de toutes les activités sociales. Ils s'imaginent agir ainsi dans l'intérêt des classes laborieuses. Ils croient qu'il peut être porté remède aux souffrances qui résultent de l'ordre actuel et que c'est la mission de l'État de le faire. En agissant ainsi, ils aggravent, au contraire, les maux qu'ils veulent guérir et ils préparent l'esclavage universel qui nous attend tous: *The coming slavery*. Que l'autorité soit exercée par un roi, par une assemblée ou par le peuple lui-même, je suis esclave, si en tout je dois obéir et si je suis forcé d'abandonner à autrui le produit net de mon travail.

Non seulement les progressistes contemporains remontent le cours de l'histoire, en nous ramenant à l'organisation despotique du type militant, mais ils violent les lois naturelles, et préparent ainsi la dégénérescence de l'humanité. « Au sein de la famille, l'aide gratuit des parents doit être d'autant plus efficace que les enfants sont moins utiles à eux-mêmes et aux autres et les bienfaits reçus doivent être en raison inverse de la force ou de l'aptitude de celui qui en est l'objet. Pendant le reste de la vie, l'adulte est rémunéré en raison de son mérite, ce mot signifiant l'aptitude à remplir toutes les conditions de l'existence. En compétition avec des individus de son espèce ou en antagonisme avec des êtres d'une autre espèce, il sera tué et éliminé, ou bien il se développera et se propagera dans la mesure où il sera bien ou mal armé pour la lutte. Si les avantages obtenus par chaque individu étaient en proportion de son infériorité, et si, comme conséquence, la multiplication des moins biens doués était favorisée et celle des mieux doués entravée, une dégradation progressive de l'espèce s'ensuivrait et cette espèce dégénérée céderait la place aux espèces avec qui elle se trouverait en lutte ou en compétition » (page 55). « La pauvreté des incapables, la détresse des imprudents, l'élimination des paresseux et cette poussée des forts, qui met de côté les faibles et qui en réduit un si grand nombre à la misère, sont les résultats nécessaires d'une loi générale, éclairée et bienfaisante » (page 69). Quand l'État, guidé par une philanthropie mal inspirée, met obstacle à l'application de cette sage loi, au lieu de diminuer les souffrances au désir de l'humanité, il les augmente et « il tend à remplir le monde d'êtres pour qui la vie sera une peine et à en écarter ceux pour qui l'existence serait surtout un plaisir. Il crée la douleur et éloigne le bonheur » (*Social Statics*, page 381, édition 1851).

La loi que M. Herbert Spencer voudrait donc voir appliquer dans la société n'est autre que la loi biologique darwinienne *the survival of the fittest*, le triomphe des mieux doués. Il s'étonne de voir qu'aujord'hui plus que jamais auparavant, dans l'histoire du monde, on fait tout ce qu'on peut pour favoriser la survie des moins bien doués, alors que cependant la vérité révélée par Darwin est reconnue et acceptée par un nombre de plus en plus grand de personnes instruites et influentes.

J'ai essayé de donner un résumé fidèle de l'argumentation de M. Herbert Spencer. Voyons ce qu'on peut y répondre. Un premier point aurait dû, semble-t-il, frapper l'éminent écrivain. Si l'application de la loi darwinienne au gouvernement des sociétés était complètement justifiée, ne serait-il pas étrange que l'opinion, non seulement en Angleterre, mais dans tous les pays, la repousse, d'autant plus que les lumières se répandent et que les études sociologiques sont plus approfondies? Si faire intervenir les pouvoirs publics pour relever les classes inférieures c'est remonter le cours de l'histoire et revenir à l'ancien type militant des sociétés, comment se fait-il que le pays où le type nouveau de l'organisation industrielle s'est développé plus complètement qu'ailleurs, c'est-à-dire l'Angleterre, soit aussi le pays où cette intervention de l'État est poussée le plus loin et surtout où l'on réclame les mesures les plus énergiques dans ce sens? Chez aucun peuple l'effort pour venir en aide, de toutes les façons, aux classes déshéritées n'occupe autant de place dans la vie des classes aisées et dans les dépenses des pouvoirs publics. Nulle part ailleurs n'existe une loi des pauvres donnant à l'individu, même valide, le droit à l'entretien; nulle part, on n'aurait pu même proposer d'attenter au libre contrat et par conséquent au principe même de la propriété, comme l'ont fait les *Land-Bills* irlandais de M. Gladstone. Nulle part ailleurs, un ministre n'oserait formuler un programme de réformes semblables à celui que M. Chamberlain vient de proposer à Ipswich au *Liberal Reform Club* (14 janvier 1885). Sur le continent tout cela serait considéré comme pur socialisme.

Si donc nous voyons ce que M. Herbert Spencer appelle un retour au type militant de l'organisation sociale et une violation de la loi darwinienne appliquée aux sociétés humaines, prévaloir de plus en plus, à mesure que les lumières se répandent et qu'un pays se civilise, n'y a-t-il pas lieu de croire que cette prétendue rétrogression est au contraire un progrès? Ceci expliquerait la volte-face que M. Herbert Spencer reproche au libéralisme avec tant de force et d'éloquence. Pourquoi les libéraux se sont-ils efforcés autrefois de restreindre les pouvoirs de l'État? Parce que ces pouvoirs étaient mis en œuvre dans l'intérêt des classes supérieures et contrairement à celui des classes laborieuses. Pour ne citer qu'un exemple, si l'on a voulu jadis fixer le taux des salaires et des prix, toujours et partout ç'a été afin d'en empêcher la hausse, tandis qu'aujourd'hui ce qu'on réclame c'est une réduction des heures de travail et une rémunération plus élevée. Pourquoi les libéraux veulent-ils aujourd'hui étendre les attributions des pouvoirs publics, au lieu de les restreindre ? C'est encore pour améliorer la condition intellectuelle, morale et matérielle du plus grande nombre. On ne peut donc leur reprocher aucune contradiction. Ils poursuivent toujours le même but, lequel est la fin de toute civilisation : assurer à chacun liberté et bien-être en proportion de son mérite et de son activité.

L'erreur fondamentale du système de M. Herbert Spencer, si généralement accepté aujourd'hui, consiste, me semble-t-il, à croire que si l'on réduisait les attributions de l'État au point de les faire rentrer dans le cercle tracé par les économistes orthodoxes, la loi darwinienne de « la survie des plus aptes » se réaliserait. M. Spencer a emprunté à l'économie politique ancienne, sans la soumettre au contrôle de son inexorable critique, une idée superficielle et fausse, à savoir que, si l'on proclame le régime du laissez-faire et du libre contrat, les prétendues « lois naturelles » gouverneront l'ordre social. Il oublie que toute l'activité individuelle s'accomplit sous l'empire des lois civiles, qui règlent la propriété, l'hérédité, les obligations, la prescription et, en outre, du code de commerce, des institutions politiques et administratives et de ces nombreuses lois qui touchent aux intérêts matériels: banques, monnaie, crédit, colonies, armée et marine, chemins de fer, etc.

Pour que les lois naturelles et surtout celle de « la survie des plus aptes » règnent au sein des sociétés humaines, il faudrait détruire cet immense édifice de législation et retourner à l'état sauvage où vivaient probablement les hommes primitifs, à la façon des animaux, sans propriété, sans succession, sans protection par l'Etat des droits des plus faibles.

Ceux qui, comme M. Spencer, Hæckel et les autres évolutionnistes conservateurs, veulent que la loi de « la survie des plus aptes » et de la sélection naturelle soit appliquée aux sociétés humaines, ne voient pas que le règne animal et l'organisation sociale sont des milieux complètement différents et où, par conséquent, la même loi doit avoir des effets tout autres.

M. Herbert Spencer nous décrit admirablement comment s'accomplit la sélection naturelle parmi les animaux : « Les animaux carnivores non seulement suppriment, dans les troupeaux des herbivores, les individus qui vieillissent, mais ils extirpent aussi ceux qui sont malades, mal conformés, c'est-à-dire les moins forts et les moins rapides. Par ce procédé de purification et aussi par les combats si fréquents à l'époque de l'accouplement, la *vitiation* de la race par la multiplication des exemplaires de qualité inférieure se trouve empêchée et ainsi se trouve assurée la préservation d'une constitution complètement adaptée aux conditions environnantes et faite par conséquent pour produire la plus grande somme de félicité. » Voilà, dit-on, l'ordre idéal qui devrait régner également dans les sociétés humaines, mais tout s'y oppose dans cette organisation actuelle que les économistes et M. Spencer lui-même considèrent comme naturelle. Un lion vieux et malade s'empare d'une gazelle. Survient un autre lion vigoureux et jeune. Il enlève la proie et survit pour perpétuer l'espèce ; l'autre succombe dans la lutte ou meurt de faim. C'est la loi bienfaisante de la survie « des mieux doués. » Elle règne encore parmi les tribus sauvages. Mais en est-il de même dans notre ordre social ? Nullement. Le riche mal constitué, incapable, maladif, jouit de son opulence et fait souche sous la protection des lois, et si un Apollon doué de la force d'un Hercule veut lui enlever ce qu'il possède, il est mis en prison. Il sera même pendu s'il s'avise d'appliquer à son profit la loi darwinienne de la sélection qui se résume en ceci : « Place aux plus forts, car la force est le droit et il est utile que les forts l'emportent. »

M. Spencer objectera que dans nos sociétés industrielles la qualité qu'il faut récompenser et qui l'est en effet, ce n'est plus le talent de tuer son semblable, mais l'aptitude à travailler et à produire. Seulement en est-il bien ainsi ? Stuart Mill a dit que du haut en bas de l'échelle sociale la rémunération est en proportion inverse du travail accompli. J'admets qu'il y ait quelque exagération dans cette proposition : toutefois qui oserait nier qu'elle ne contienne une large part de vérité ? Jetons les yeux autour de nous : ne voyons-nous pas ceux qui ne font rien vivre dans l'aisance ou dans l'opulence, et ceux qui exécutent, du soir au matin, les plus durs travaux, qui peinent au fond des mines, dans des ateliers insalubres ou sur mer, parmi les tempêtes, n'obtenir en échange qu'un salaire à peine suffisant, que les chômages et les crises, devenant de plus en plus fréquents, viennent encore leur enlever ? Que de fortunes rapides faites au moyen de manœuvres de bourse, par des tromperies sur les marchandises, ou en envoyant sur mer des navires qui deviennent le cercueil de l'équipage qui les monte ! N'est-ce pas ce spectacle qui pousse les partisans du progrès à demander l'intervention de l'Etat en faveur des classes qui ne reçoivent pas l'équitable équivalent de ce qu'elles produisent ? Les économistes avaient persuadé à la génération précédente qu'il suffisait de proclamer le régime du laissez-faire et du libre contrat pour amener le règne de la justice. C'est quand on a vu que ces belles promesses ne se réalisaient pas, que l'on s'est mis à invoquer l'action des pouvoirs publics, afin d'obtenir les résultats que le régime tant vanté de la liberté n'apportait pas.

Ce qui fausse complètement l'application de la loi darwinienne aux sociétés civilisées, c'est le régime de l'accumulation et de la succession des biens. Parmi les animaux, la survie des plus aptes a lieu, parce qu'à chaque génération nouvelle l'individu se développe, se fait sa place et se perpétue en raison de ses qualités propres, et ainsi se produit ce « procédé de purification » dont M. Herbert Spencer fait ressortir les bienfaits.

Le même procédé opérait encore largement parmi les barbares, mais au sein de l'ordre social actuel il n'apparaît plus que dans le cas de ceux qui ont fait leur fortune eux-mêmes, des *self-made men*. Mais voyez leurs enfants : quand même l'hérédité physique leur donnerait une partie des qualités de leurs parents, l'hérédité légale a souvent pour conséquence de les affaiblir ou de les détruire. Ils sont élevés dans le luxe, dans la mollesse, dans l'oisiveté. Leur sort étant assuré, rien ne les stimule au travail et à la prévoyance. Les aptitudes qu'ils peuvent avoir héritées s'atrophient bientôt, et comme on le voit si souvent, les descendants sont de tout point inférieurs à ceux qui leur ont créé cette position privilégiée. De là le proverbe : « A père économe fils prodigue. » Il s'ensuit que ceux qui veulent que la loi de la sélection naturelle, par la transmission héréditaire des aptitudes, se réalise dans nos sociétés, doivent évidemment réclamer l'abolition de l'héritage.

Parmi les animaux, la *vitiation* de la race qu'amènerait la multiplication des individus de qualité inférieure est prévenue par les combats livrés à l'époque du rut. Mais dans nos sociétés, l'accumulation et la transmission héréditaire des richesses entrave ce procédé de perfectionnement des espèces. En Grèce, à la suite des gens athlétiques, ou dans ce temps fortuné et chimérique chanté par les troubadours, il se peut qu'on accordât parfois « la plus belle au plus vaillant ; » mais à notre époque prosaïque le rang et la fortune l'emportent trop souvent sur la beauté, la force et la santé. Dans le monde animal la destinée de chaque être est déterminée par ses qualités personnelles. Dans les sociétés civilisées un homme obtiendra la première place ou la plus belle femme parce qu'il est noble et riche, quoiqu'il puisse être laid, paresseux ou imprévoyant, et c'est lui qui perpétuera l'espèce.

L'armée permanente et la marine, autres institutions sociales qu'il faut anéantir si l'on veut faire triompher les lois darwiniennes, la conscription sur le continent, l'enrôlement en Angleterre accaparent les hommes les plus forts, les plus belliqueux, leur imposent le célibat, et les exposent aux causes exceptionnelles de mortalité des casernes, des expéditions et des guerres. Ceux qui aux temps préhistoriques ou à l'état de nature auraient fait souche parce qu'ils y étaient les plus aptes, sont ainsi décimés ou empêchés de se marier.

Ayant emprunté à l'économie politique orthodoxe l'idée qu'il suffirait de restreindre l'intervention inopportune de l'État pour faire régner la justice, M. Herbert Spencer n'admet pour les souffrances des classes laborieuses d'autres responsabilités que celle « des législateurs qui ont fait la loi des pauvres, qui ont créé ainsi un corps permanent de vagabonds allant d'une union de secours à l'autre et qui remettent en circulation dans la société des condamnés libérés en des conditions telles qu'ils sont presque obligés de commettre de nouveaux crimes » (page 19). Mais ne peut-on pas reprocher à ceux qui ont fait la loi ou, si l'on veut, à l'organisation sociale, des mesures tout autrement funestes, par exemple celle qui a eu pour effet de concentrer la propriété en un petit nombre de mains ? M. Herbert Spencer a écrit autrefois une page qui est l'acte d'accusation le plus sévère qui ait été prononcé par un véritable savant contre l'ordre actuel.

« Étant donné une race d'êtres, ayant un droit égal à poursuivre le but de leurs désirs, et étant donné un monde fait pour la satisfaction de ces désirs et où ces êtres naissent dans des conditions égales, il en résulte qu'ils ont des droits égaux à jouir de ce monde. Car, si chacun est libre de faire ce qu'il veut à condition qu'il ne porte pas atteinte à la liberté d'autrui, chacun est libre de faire usage de ces dons naturels pour la satisfaction de ses besoins, pourvu qu'il respecte le même droit chez les autres. Et en convertissant la proposition, il est clair que personne ne peut faire usage de la terre de façon à empêcher les autres d'en faire usage également, car alors on se prévaudrait d'une liberté plus grande que les autres et conséquemment on violerait la loi. La justice n'admet donc pas la propriété appliquée au sol. Ni la mise en culture, ni même le partage égal du sol ne peuvent faire naître un droit absolu et exclusif, car, poussé à ses limites extrêmes, un pareil droit engendre le despotisme complet des propriétaires. Les lois votées à chaque instant par le parlement sont la négation de ce droit. Enfin la théorie d'un droit à l'héritage du sol reconnu à tout homme est conforme au plus haut degré de civilisation, et quelque difficile qu'il soit de faire passer cette théorie dans les faits, l'équité commande rigoureusement que cela s'accomplisse.... Peu à peu les hommes apprendront que priver les autres de leur droit de faire usage de la terre est un crime inférieur seulement en perversité à celui de leur enlever la vie ou la liberté » (*Social Statics*, chapitre IX).

M. Herbert Spencer a-t-il changé d'opinion au sujet de la

propriété privée du sol ? Nullement, car il reconnaît encore dans l'écrit que nous examinons (page 32) que le mouvement de la nationalisation du sol « a pour but un système de *tenure* agraire équitable en théorie. » Mais si la société, en privant une masse d'individus de leur droit à une part de leur cohéritage du sol (*coheirship to the soil*) a commis « un crime inférieur seulement à celui de leur enlever la vie ou la liberté, » ne doit-elle pas, en toute justice, réparer le tort qu'elle leur a fait ? L'aide qu'elle leur procure, en ce cas, n'est qu'une faible compensation des avantages dont elle les a privés ; c'est ce que M. Alfred Fouillée, se plaçant à un autre point de vue, appelle très bien un acte de « justice réparative » dans son récent et remarquable ouvrage : *La propriété sociale*. Ces admirables œuvres de charité, si nombreuses en Angleterre, cette émotion profonde de commisération qui a touché le cœur des classes dirigeantes, quand ont paru ces quelques pages intitulées : *The bitter cry of out cast London*, cette préoccupation croissante des pouvoirs publics de relever les classes laborieuses, sont dues d'abord au sentiment chrétien et ensuite à l'aperception plus nette de certains droits encore mal définis appartenant à ceux qui ont été dépouillés de leur part du cohéritage national. C'est une idée que M. Herbert Spencer a exprimée en termes si précis et si éloquents, qu'on me permettra de les reproduire : « Nous ne devons pas méconnaître que tout erronées que soient les théories communistes et celles de la loi des pauvres (*poor-law*) et la revendication d'un droit pour l'homme d'être entretenu ou pourvu de travail, elles touchent cependant de très près à une vérité. Elles sont l'effort mal réussi d'exprimer ce fait que quiconque naît sur notre planète, y acquière, par suite, un certain droit et qu'il ne peut en être sommairement expulsé ou considéré comme n'existant pas par ceux qui détiennent le sol. En d'autres termes, c'est une tentative de formuler la pensée qui trouve son expression légitime dans cette loi : « Tous les hommes ont un droit égal à faire usage de la terre. » Après s'être affranchis de l'abominable injustice de l'esclavage, les hommes arrivent, avec le temps, à comprendre quelle chose monstrueuse c'est que neuf individus sur dix ne vivent en ce monde que par tolérance, n'ayant pas même où mettre le pied, sauf avec la permission de ceux qui ont accaparé la surface de notre globe » (*Social Statics*, page 345).

Quand on lit cet écrit si substantiel : *The man versus the State*, il semble que le socialisme d'État ait pour but principal ou même unique, l'extension de l'assistance publique et l'accroissement des secours accordés à ceux qui n'en sont pas dignes. Or, il est tout le contraire. Le socialisme scientifique cherche premièrement quels sont les moyens de relever les classes inférieures, de façon à les rendre plus aptes à se suffire à elles-mêmes et à se passer, par conséquent, de l'aide de l'autrui et secondement, quelles sont les lois les plus conformes à la justice, c'est-à-dire à ce principe suprême : « Rémunération en proportion de son mérite et de ses œuvres. »

Dans le discours qu'il a prononcé comme président à l'ouverture du congrès des sciences sociales à Birmingham, l'an dernier (1884), M. Shaw Lefevre a montré, en un tableau admirable et riche de faits, tout le bien qu'a accompli l'intervention de l'État en Angleterre durant ces dernières années : plus de justice imposée dans les relations des hommes entre eux, les enfants plus instruits et mieux préparés à devenir un membre utile de la société, le fermier mieux défendu contre les exigences injustes ou exagérées du propriétaire, les facilités plus grandes offertes à l'épargne, la santé plus assurée aux générations nouvelles par la limitation des heures de travail, la vie des ouvriers mieux garantie au fond des mines et, par conséquent, moindre nécessité de recourir à l'assistance publique, et, comme résultat, la mortalité réduite, durant les trois dernières années comparativement aux dix années précédentes, de 27.3 à 22.1 par mille, soit d'environ 20 pour cent. Un fait suffit pour prouver le progrès dû à l'intervention de l'État: dans une population qui augmente rapidement, la criminalité diminue sans cesse.

Supposez que, par des lois meilleures, on arrive à ce résultat que, comme en Norvège ou dans les cantons alpestres de la Suisse, chaque famille habitant la campagne ait une propriété qu'elle exploite et une maison qu'elle habite ; alors chacun jouira du fruit intégral de son travail et sera récompensé à proportion de son activité, ce qui est l'idéal de la justice : *cuique suum*. L'instinct de justice de l'humanité a toujours compris que dans l'organisation sociale, la propriété est la base de la famille et la condition nécessaire de la liberté. C'est afin que tout homme conservât toujours au moins une part du sol où il pût récolter de quoi vivre, que la terre, propriété collective de la tribu, était soumise à des partages périodiques, comme cela se fait encore aujourd'hui dans l'*allmend* suisse, dans le *township* écossais, dans la *dessa* javanaise et dans le *mir* russe.

Qu'un semblable régime soit établi, et l'on ne verra plus en Angleterre des vagabonds errer « d'une union de secours à l'autre. » C'est dans une société semblable, et non dans les nôtres, que se réaliserait la loi suprême qui devrait gouverner toutes les relations économiques, et que M. Herbert Spencer définit si parfaitement dans le passage suivant: « Je suppose qu'un principe qu'admettent également et l'opinion générale et la science peut être considéré comme ayant la plus haute autorité qu'on puisse imaginer. Eh bien ! le précepte « quiconque ne veut pas travailler, ne doit pas avoir à manger, » *qui non laborat nec manducet*, est simplement l'énonciation, sous une forme chrétienne, de cette universelle loi de la nature qui a amené la vie au degré de développement qu'elle a atteint, la loi qui fait que toute créature incapable de se suffire à elle-même doit périr ; la seule différence étant que cette loi qui dans la société doit être appliquée par l'art gouvernemental, l'est, au sein de la nature, en vertu de la nécessité. »

Ces lignes devraient être inscrites en tête de tout traité de science sociale comme norme suprême des recherches sociologiques. Seulement il faut se dégager de cette illusion empruntée aux économistes, qui consiste à croire que ce *dictum* de la science et du christianisme est appliqué dans nos sociétés. Est-ce que partout ceux qui peuvent prouver, par parchemins authentiques, que depuis des siècles leurs aïeux ont vécu dans une oisiveté héréditaire, ne sont pas les plus riches, les plus puissants, les plus considérés ? Ce n'est donc que dans l'avenir que nos descendants pourront voir se réaliser, un jour, ce principe de la science et du christianisme, au sein d'une organisation sociale qui créera la responsabilité économique et assurera à chacun la jouissance intégrale des fruits de son travail. Chercher quelle peut être cette organisation et en préparer l'avènement, voilà l'œuvre difficile et nécessaire de la sociologie. Le discours de M. Shaw Lefevre montre clairement dans quelle voie il faut marcher pour y parvenir.

M. Herbert Spencer croit, au contraire, que cette voie nous conduit tout droit à l'esclavage universel. L'Etat reprendra peu à peu, dit-il, toutes les entreprises industrielles : d'abord les chemins de fer et les télégraphes, comme l'ont fait déjà l'Allemagne et la Belgique, puis certaines industries, comme en France, puis les mines, et enfin même les exploitations agricoles, quand le sol aura été nationalisé. « La liberté dont un citoyen jouit doit être mesurée, non d'après la nature du gouvernement sous lequel il vit, mais d'après le petit nombre d'efforts auquel il est assujetti » (page 16). « Par contre, ce qui caractérise essentiellement l'esclave c'est qu'il travaille, par force, au profit d'autrui. Le degré de son esclavage varie d'après le rapport qui existe entre ce qu'il est forcé de livrer à autrui et ce qu'il peut garder pour lui » (page 34). Car dans le régime qui se prépare l'homme travaillera par contrainte et devra abandonner à l'Etat la plus large part de ce qu'il aura produit. Il importe peu que le maître qui commandera et qui prélèvera soit un individu ou la société. Voilà ce que dit M. Herbert Spencer.

Je ne crois pas, quant à moi, que l'Etat arrive jamais à prendre en main toutes les industries, par la raison très simple qu'un semblable système ne fonctionnerait pas. Ce que l'on peut concevoir comme possible c'est un régime semblable à celui qu'a décrit M. Schæffle, dans son écrit *Essence du socialisme*, c'est-à-dire un ordre social où les branches multiples de la production seraient exécutées par des sociétés coopératives. Mais en tous cas, les hommes ne seraient pas plus esclaves dans les ateliers de l'Etat que dans ceux de l'industrie privée. M. Herbert Spencer peut s'en assurer facilement. Qu'il visite les charbonnages de l'Etat prussien à Saarbrück, ou qu'il parcoure les chemins de fer de l'Etat en Belgique, qu'il interroge le personnel employé à tous les degrés, il verra qu'il est aussi libre et aussi content qui celui des entreprises particulières. Il a même plus de garanties contre l'arbitraire, de sorte que sa liberté réelle est plus grande. Ce qui le prouve c'est que les places dans les services de l'Etat sont recherchées par l'élite des ouvriers.

Si le degré de servitude est en proportion de la part du produit que peut garder pour lui celui qui le crée, alors il faut dire que dans le monde entier, la plupart des ouvriers et des petits fermiers, c'est-à-dire tous ceux qui n'ont point quelque propriété et dont la condition est déterminée par la dure loi de la concurrence, sont esclaves; car ils ne peuvent conserver pour eux que ce qui, en général, leur est indispensable pour subsister et se perpétuer. Sont-ils libres les *contadini* italiens dont j'ai décrit le triste sort dans mes *Lettres d'Italie*, uniquement réduits à vivre d'un maïs malsain qui leur donne la *pellagra*? Ils peuvent répondre, hélas! non sans quelque raison au ministre qui les détourne d'émigrer : « Qu'entendez-vous par nation, monsieur le ministre? Est-ce la foule des malheureux? Oui, alors nous sommes vraiment la nation. Regardez nos visages pâles et amaigris, nos corps épuisés par un travail excessif et une nourriture insuffisante. Nous semons et nous récoltons du froment, et jamais nous ne mangeons de pain blanc. Nous cultivons la vigne, et nous ne buvons pas de vin. Nous élevons du bétail et nous ne consommons pas de viande. Nous sommes couverts de haillons, nous habitons des trous infects. L'hiver nous souffrons du froid et l'été comme l'hiver de la faim.... La terre où l'on ne peut trouver de quoi vivre en travaillant est-elle une patrie? » Sont-ils libres, et ces ouvriers ruraux des Flandres dont le salaire est inférieur à 1 franc 25 centimes par jour, et ces petits fermiers à qui le *rack-rent* dérobe tout le produit net, et ces *crofters* des Highlands à qui on a enlevé les terres communales, héritage sacré de l'époque primitive, où ils pouvaient du moins entretenir quelques têtes de bétail, et ces fellahs égyptiens, que le créancier européen écorche jusqu'au sang, en un mot, tous les infortunés, qui, en tous pays où la propriété n'appartient pas à celui qui la fait valoir, peinent, tout le jour, pour une rémunération insuffisante? Il se peut que dans le régime de l'État entrepreneur-général, — que je crois moi, impossible — leur condition ne soit pas meilleure, mais, en tout cas, elle ne pourra être pire.

Je n'admets nullement qu'il faille sacrifier la liberté dans la proportion où il est pourvu au bien-être. Tout au contraire: un certain degré de bien-être est la condition essentielle de la liberté. C'est une dérision d'appeler libre celui qui, moyennant son travail, ne trouve pas de quoi vivre ou à qui même tout travail est impossible, parce qu'il n'a rien à lui et que nul ne peut l'employer. Comparez d'ailleurs la vie du soldat à celle de l'ouvrier des fabriques ou des charbonnages. Le premier est le type du serf dans le régime d'esclavage annoncé par M. Herbert Spencer, le second est le type de l'individu indépendant dans l'organisation industrielle et dans le régime du libre contrat. Lequel a le plus de liberté effective, le soldat, qui, ses exercices terminés, peut se promener librement et jouir de la nature, ou bien l'ouvrier qui, rentrant chez lui, le soir, après onze ou douze heures du plus dur labeur, ne trouve souvent d'autre distraction que les excitations du *gin-palace*? D'ailleurs le travailleur à la besogne doit et devra toujours obéir au contre-maître, ou aux nécessités de sa tâche, dans une entreprise privée, comme dans une société coopérative, ou au service de l'Etat.

« Jusqu'à présent, dit M. Herbert Spencer, vous avez été libre de dépenser ce que vous gagnez comme vous l'entendez ; mais dorénavant, on le dépensera dans l'intérêt général. Or ce qui m'importe, ajoute-t-il, c'est le montant de ce que l'on m'enlève et non la main qui me le prend. » Ceci est-il bien vrai ? Si ce que l'on prélève sur mon revenu est employé à ouvrir un parc public où je me promène, à établir des bains publics où je puisse me baigner l'été comme l'hiver, à ouvrir des bibliothèques où je me récrée et m'instruis et des clubs où je puisse passer mes soirées, à entretenir de bonnes écoles où mes enfants vont puiser les moyens de faire eux-mêmes leur chemin dans la vie, à bâtir des maisons hygiéniques et à bon marché qui m'épargnent la cruelle nécessité de vivre dans des bouges qui dégradent l'âme et le corps, le résultat sera-t-il le même que si cette somme était touchée par un Crésus, qui en fait usage pour ses fantaisies et ses plaisirs ? J'ai visité, cet été, en Suisse et dans le pays de Bade, des villages qui donnent à chaque famille du bois de chauffage et de construction, tiré des forêts communales, un bon pâturage pour le bétail et quelques ares de terre pour y cultiver des légumes et des fruits. En outre, tous les services publics sont défrayés par le revenu des propriétés communales, sans que les habitants aient à payer le moindre impôt.¹ Supposons que les bois, les prairies et les terres de la commune appartiennent à un grand propriétaire : et qu'il aille en dépenser la rente dans la capitale et en voyage ! Quelle différence pour le bien-être des habitants ! Veut-on l'apprécier ? Que l'on compare le sort des *crofters* highlandais, citoyens libres du pays le plus riche du monde, avec la condition des villages perdus dans les montagnes des cantons alpestres de la Suisse ou dans les gorges de la Forêt Noire comme Freudenstadt.

---

¹ Je citerai comme exemple le village de Freudenstadt, au pied du Knibis, en Bade. Jamais on n'y a payé un sou d'impôt, depuis sa fondation, en 1557. Il possède environ 2,000 hectares (8,000 morgen à 25 ares l'un) de beaux bois de sapins et de bonnes prairies, qui valent plus de 250 à 300,000 marks. Les 1,430 bourgeois obtiennent chacun autant de bois à brûler et de construction qu'ils en ont besoin. Chacun peut mettre en prairie, l'été, le bétail qu'il a nourri l'hiver. Il est parfaitement pourvu à l'entretien de l'école, de l'église, des chemins, des fontaines, et en outre, chaque année on fait de notables embellissements. 100,000 marks ont été employés en 1886 à faire dans tout le village une distribution d'eau avec tuyaux en fer. Un hôpital a été construit d'abord, puis un joli kiosque sur la grand'place, pour y faire de la musique, les jours de fête. On répartit chaque année 50 à 60 marks par famille, en argent, et bien davantage quand il se fait une vente de bois extraordinaire. Ainsi en 1882 on a partagé entre les 1,430 bourgeois 80,000 marks. N'est-ce pas là un heureux village ?

Si dans les villages des Highlands d'Écosse la rente avait été, comme dans ces heureuses communes de la Suisse et de Bade, conservée en partie par les habitants et pour une autre part employée à des objets d'utilité générale, quel ne serait pas leur bien-être? Si seulement ils avaient pu conserver pour eux le varech, le *help*, que la mer leur apporte, quelle différence dans leur sort! ainsi que le montre si bien M. Blacky, dans son beau livre *The Scottish Highlanders*.

J'aurai une remarque semblable à faire pour la politique. « Qu'importe, dit M. Herbert Spencer, que je contribue à faire les lois, si ces lois m'enlèvent ma liberté ? » Et pour nous effrayer de « l'esclavage futur » il cité l'exemple de la Grèce: « Dans la Grèce ancienne, dit-il, le principe accepté était que le citoyen n'appartient ni à lui-même ni à sa famille, mais à la cité. Et cette doctrine qui convient à une situation où la guerre est permanente, le socialisme, sans s'en rendre compte, veut la réintroduire dans une organisation destinée à être purement industrielle. » Il est certain que le régime des cités grecques, basées sur l'esclavage, ne peut convenir aux sociétés modernes, basées sur le travail. Toutefois, n'oublions pas tout ce qu'a été la Grèce et tout ce que nous devons à cette civilisation hellénique, que l'esclavage futur menace de faire revivre, dit M. Herbert Spencer. Non seulement ce régime a permis à la philosophie, à la littérature, aux arts de produire des chefs-d'œuvre incomparables, mais il a donné aux caractères une telle trempe d'individualité, que les hommes illustres de la Grèce apparaissent comme des types marmoréens, dont les traits et les paroles resteront éternellement gravés dans la mémoire des hommes. Si l'esclavage futur peut faire naître parmi nous des Socrates, des Platons, des Aristotes, des Xénophons, des Solons, des Lycurgues, des Eschyles, des Sophocles, des Thucydides, des Miltiades, des Épaminondas ou des Périclès, nous n'aurons pas à nous en plaindre. D'où vient cette levée en masse d'hommes extraordinaires? Des institutions démocratiques et d'un merveilleux système d'éducation, qui concourraient à produire le développement harmonique de toutes les facultés de l'esprit, du cœur et du corps. L'armée allemande, malgré sa discipline de fer, donne, en quelque mesure, les mêmes résultats. Elle saisit un lourd et inerte paysan; elle lui apprend à marcher, à nager, à se tirer d'affaire; elle achève son instruction et en fait un homme mieux trempé et plus apte à survivre dans le combat pour la vie. Si, dans nos villes, l'autorité prélevait une large part de la rente pour former des hommes, mieux encore que ne le fait l'armée allemande, et plutôt à la façon des Grecs, les générations futures ne seraient-elles pas plus aptes à bien travailler, à se suffire, à maintenir haut leur dignité et leur condition, que ceux qui auraient passé leur enfance dans le ruisseau?

C'est à tort que M. Herbert Spencer, dit: « Qu'importe que je prenne part à faire des lois si ces lois m'enlèvent ma liberté ? » Des lois qui me privent de ma liberté pour me dégrader et me piller sont odieuses, mais des lois qui ne le font que pour mon bien et pour développer mes facultés sont bienfaisantes, comme l'est la contrainte qu'un père intelligent impose à ses enfants pour les corriger et les instruire. En outre, contribuer à faire les lois élève l'homme de toute façon. Ainsi que l'a montré Mill, c'est même le principal avantage d'une extension du suffrage. Celui qui a un vote à émettre sortira nécessairement de la sphère basse de l'intérêt individuel, pour s'occuper des intérêts généraux; il lira, il discutera et s'instruira; on s'adressera à lui pour l'entraîner et le convaincre. Il aura le sentiment qu'il est un homme libre et qu'il a son mot à dire dans la direction des affaires publiques. L'influence qu'exerce ce sentiment sur le citoyen français, et plus encore sur le citoyen suisse, est remarquable.

Certes, les réformes politiques ou sociales ne produiront de bons fruits que si les hommes sont améliorés au point de pouvoir les comprendre et les appliquer. Mais il ne faut pas oublier que des institutions meilleures rendent aussi les hommes meilleurs. Visitez la Norvège: il ne s'y commet presque pas de crimes. Dans les campagnes on dort, sans tirer les verrous, et on ne vole point, sans doute parce que les gens sont moraux et religieux, mais aussi parce que la propriété est également repartie. Nul n'est dans d'opulence et nul dans le dénuement. Or la misère et la dégradation qui en est la suite, sont la cause de la plupart des crimes. Le riche financier Helvétius a dit parfaitement: « Chaque citoyen possède-t-il quelque bien dans un État, le désir de la conservation est, sans contredit, le vœu général de la nation. Le grand nombre, au contraire, y vit-il sans propriété, le vol devient le vœu général de cette même nation. » (*De l'homme*, sect. VI, c. 7).

En terminant, tâchons de pénétrer au fond du débat. En face des maux qui accablent les sociétés, deux systèmes se présentent. D'une part, on peut dire avec le christianisme ou avec le socialisme: Ces maux sont la conséquence de la perversité et de l'égoïsme des hommes. La charité, la fraternité doivent y porter remède. Il faut venir en aide et relever les déshérités. Comment? Par la venue du royaume de Dieu, « où les derniers seront les premiers, » dit le Christ; par la mise en commun de tous les biens, disent les apôtres, dans la première ferveur messianique et aussi, plus tard, les communautés religieuses; par l'aumône et par toutes les œuvres de bienfaisance, dit le christianisme du moyen-âge; par la réforme des lois réglant la répartition de la propriété, dit le socialisme. D'autre part, on peut prétendre, avec la sociologie évolutionniste, que ces misères sont la conséquence inévitable et bienfaisante des lois naturelles. Ces lois sont la condition du progrès. A vouloir les supprimer, on trouble l'ordre de la nature et on retarde l'éclosion d'une situation meilleure. C'est par l'élimination des faibles, des infirmes, des incapables et par la survie des plus forts, des plus aptes que s'accomplit l'amélioration des espèces animales. Cette loi de la sélection naturelle doit pouvoir s'appliquer librement et complètement aux sociétés humaines. *Society is not a ma-*

nufacture but a growth. La société n'est pas une construction artificielle mais un développement spontané comme celui d'une plante. La force est réellement le droit, car il est dans l'intérêt général que les forts l'emportent et perpétuent l'espèce. Ainsi parle ce que l'on appelle maintenant la Science.

Dans un livre intitulé: *True history of Joshua Davidson*, l'auteur, qui a voulu mettre en regard l'idéal chrétien et la société actuelle, formule nettement l'opposition qui existe entre le dogme de la « science » et le dogme de l'Évangile. « Si les doctrines de l'économie politique sont vraies, si les lois de la lutte pour l'existence et de la survie des plus aptes doit s'appliquer entièrement à la société humaine, aussi bien qu'aux plantes et aux animaux, alors disons nettement que le christianisme qui vient en aide aux pauvres et aux faibles et qui tend la main aux pécheurs, est une folie, et renonçons franchement à une croyance qui n'influencent ni nos institutions politiques ni nos arrangements sociaux et qui ne doit pas les influencer. Si le Christ avait raison, notre christianisme actuel a tort, et si la sociologie contient la vérité scientifique, alors Jésus de Nazareth a parlé et agi en vain, ou plutôt il s'est insurgé contre les lois immuables de la nature » (Tauchnitz édition, page 252).

M. William Graham, dans son beau livre: *The creed of science* (page 278) dit à ce propos: « Cette grande et redoutable controverse — la plus importante dans l'histoire de notre espèce, qui remonte probablement au début des sociétés humaines, et qui, en tout cas, est aussi ancienne que la *République* de Platon, où elle se trouve discutée à fond, et que le christianisme qui a commencé par le communisme — a seulement dans ce dernier demi siècle commencé à être comprise comme un débat soulevant des questions pratiques de l'ordre le plus grave et non comme des utopies se rapprochant à peine du domaine du possible. »

On peut démontrer, je crois, très clairement que le dogme de la prétendue science n'est nullement scientifique, puisqu'il est contraire aux faits, tandis que la doctrine du christianisme est conforme en même temps et aux faits actuels et à l'idéal de l'humanité.

Darwin a emprunté à Malthus l'idée de « la lutte pour l'existence » et de « la survie des plus aptes, » et il en a tiré la théorie de l'évolution et du transformisme, mais les naturalistes n'ont nullement songé à appliquer ces lois biologiques aux sociétés humaines. C'est la sociologie qui a tenté de le faire, en acceptant, les yeux fermés, des mains des économistes, ce principe que la société est régie par des lois naturelles, auxquelles il suffit de donner un libre cours pour amener la plus grande somme possible de prospérité et de bonheur; or ceci est manifestement une erreur. Certes, les sociétés humaines, étant comprises dans ce que nous appelons la nature, obéissent aux lois de celle-ci, mais les institutions et les lois qui règlent l'acquisition et la transmission des biens, la propriété et l'hérédité en leurs formes diverses, en un mot, toutes les lois civiles et pénales émanent de la volonté des hommes et des décrets des législateurs, et si l'expérience ou une notion plus élevée de justice nous montrent qu'elles sont mauvaises, nous pouvons les changer. Quant aux lois darwiniennes, il est impossible de les faire régner, parmi les hommes, sans anéantir toutes nos institutions d'une façon plus radicale que ne le rêvent les nihilistes les plus extrêmes. Voyez plutôt parmi les animaux : le plus fort dépouille le plus faible, le tue et s'en repaît. Si parmi les hommes le mieux armé s'avise de faire de même, il est incarcéré ou pendu. Veut-on que parmi nous la lutte pour l'existence aboutisse au triomphe des plus aptes, il faut évidemment abolir les lois qui condamnent le vol et l'assassinat. L'animal n'obtient de la nourriture qu'à proportion qu'il fait usage de ses muscles. Parmi nous, grâce à des institutions successives : esclavage, servage, rente, un grand nombre d'hommes prélèvent de quoi vivre dans l'opulence sans rien faire. Si M. Herbert Spencer désire que ce principe suprême de justice : *Rémunération en proportion du mérite*, soit pleinement appliqué, il faut qu'il réclame la suppression du régime actuel de propriété. Parmi les animaux chaque individu se fait sa destinée en raison de ses aptitudes. Parmi les hommes la destinée de chacun est déterminée par les avantages qu'il obtient ou qu'il hérite de ses parents, et celui à qui revient une brillante succession l'emporte sur les autres. Pour assurer l'application des lois darwiniennes, il faut donc abolir la famille et surtout le droit de succession.

Les animaux, comme les plantes, obéissant à l'instinct, procréent tant qu'ils le peuvent, mais une lutte et un carnage incessants arrêtent la multiplication excessive. Les hommes parviennent à vivre en paix, à mesure qu'ils se civilisent ; ils parlent de se traiter en frères, et, même, des philanthropes rêvent, les insensés ! de substituer l'arbitrage à la guerre. L'équilibre entre la naissance et la mort se trouve ainsi rompu ; l'ordre naturel est troublé. Pour le rétablir, vantons les batailles, disons avec le général de Moltke que le projet de les supprimer est une utopie malfaisante et imposons silence aux fous dangereux qui vont répétant : « Paix sur la terre aux hommes de bonne volonté. »

Au sein de la nature règne ce qui nous paraît l'injustice, ou comme le dit plus énergiquement encore Renan, « la nature est l'injustice même. » La pierre qui tombe écrase indifféremment l'honnête homme ou le coquin. Un oiseau plongeur, après une longue recherche apporte à sa couvée une nourriture bien gagnée ; un aigle, despote des airs, fond sur lui et la lui enlève. Nous trouvons cela inique, odieux. Nous ne voulons pas que parmi nous chose semblable soit tolérée. Le vigoureux Caïn tue le doux Abel. Le sentiment du droit et de la justice proteste. C'est à tort. Car il ne s'agit que de l'application « du procédé par lequel la nature élimine les moins bien conformés et assure l'amélioration de l'espèce par le triomphe de ses meilleurs exemplaires. »

Helvétius formule parfaitement la loi darwinienne, mais pour la condamner : « Le sauvage dira à ceux qui sont moins forts que lui : Lève les yeux au ciel : tu vois l'aigle fondre sur la colombe ; abaisse-les sur la terre : tu vois le cerf déchiré par le lion ; porte tes regards sur la profondeur des mers : tu vois la dorade dévorée par le requin. Tout dans la nature t'annonce que le faible est la proie du puissant. La force est un don des dieux. Par elle, je possède tout ce que je puis ravir » (*De l'homme*, IV, 8).

L'effort constant des moralistes et des législateurs a été de remplacer le règne de la force par le règne de la justice. Comme le dit Bacon : *In societate aut vis aut lex viget.* Le but est de soumettre de plus en plus les actes des hommes à l'empire de la loi, et d'une loi de plus en plus conforme à l'équité. Les sociétés ont été longtemps et sont encore, pour une large part, comme un reflet de la nature. Les violations de la justice y sont nombreuses, mais veut-on les faire disparaître, il faut s'éloigner de l'ordre de la nature et non le rétablir.

C'est pour ce motif que le christianisme, qui est une aspiration ardente vers la justice, est conforme à la vraie science. Dans le livre de Job le problème est posé d'une façon tragique. Le pervers est aussi heureux que le juste et, comme dans la nature, le puissant vit aux dépens du faible ; mais le sentiment du droit proteste et la voix du pauvre s'élève contre les oppresseurs. Écoutez quelle pensée profonde ! « Comment se fait-il que les méchants vivent, qu'ils vieillissent et croissent en force, et que leurs maisons jouissent de la paix loin de la frayeur ? La verge de Dieu n'est point sur eux. Arrive-t-il souvent que leur lampe s'éteigne, que la misère fonde sur eux, que Dieu leur distribue une part en sa colère ? » (JOB, XXI, 7, 9, 17, 18). « Pourquoi l'Éternel ne dispose-t-il pas le temps de sorte que ses serviteurs voient le jour de sa justice ? Les méchants déplacent les bornes des champs et font paître les troupeaux qu'ils ont volés. Les indigents vont tout nus, sans vêtements ; ils portent les gerbes et ils sont affamés ; ils foulent le pressoir et ils ont soif » (JOB, XXIV, 1, 2, 10, 11).

Contre le mal qui règne dans la société, Isaïe, par ses prophéties élève une protestation éloquente et annonce qu'un temps viendra où la justice sera établie sur la terre. Ces espérances messianiques se formulent en termes si précis qu'ils peuvent encore servir de programme aux réformes qui restent à accomplir. « Il jugera son peuple avec justice et les malheureux avec équité. Il aura pitié du misérable et de l'indigent, et il sauvera la vie des pauvres. Les blés abonderont dans le pays » (Psaume LXXII, 4, 13, 16). « L'œuvre de la justice sera la paix, et le fruit de la justice, le repos et la sécurité pour toujours » (ISAÏE, XXII, 17). « Moi, l'Éternel, j'aime la justice » (ISAÏE, LXI, 8). « Ceux qui auront amassé le blé le mangeront et ceux qui auront récolté le vin le boiront » (ISAÏE, LXII, 9). Dans la Jérusalem nouvelle « on n'entendra plus le bruit des pleurs. Ils bâtiront des maisons et les habiteront ; ils planteront des vignes et en mangeront le fruit. Ils ne bâtiront pas des maisons pour qu'un autre les habite, ils ne planteront pas des vignes pour qu'un autre en mange le fruit. Mes élus jouiront de l'œuvre de leurs mains et ne travailleront pas en vain » (Isaïe, LXV, 19, 21, 22, 23).

C'est au nom de la justice, et non de la charité ou de la miséricorde, que le prophète élève sa voix en faveur des pauvres. « L'Éternel entre en jugement avec les anciens de son peuple et avec ses chefs : Vous avez brouté la vigne ! La dépouille des pauvres est dans vos maisons ! De quel droit foulez-vous mon peuple et écrasez-vous la face des pauvres ? dit le Seigneur » (Isaïe, III, 14, 15). « Malheur à ceux qui ajoutent maison à maison et qui joignent champ à champ, jusqu'à ce qu'il n'y ait plus d'espace et qu'ils habitent seuls au milieu du pays » (Isaïe, V, 8). Dans la société renouvelée la propriété sera assurée à tous. « Chacun habitera sous sa vigne et sous son figuier » (Michée, IV, 4).

L'idéal messianique des prophètes comprend donc, premièrement le triomphe de la justice apportant la liberté aux opprimés, le bien-être aux déshérités et le fruit de leurs labeurs aux travailleurs, et, en second lieu et principalement, la domination et la glorification du peuple élu d'Israël. L'idéal messianique de l'Évangile laisse au second plan ces aspirations de grandeur nationale, pour mettre dans une pleine et admirable lumière la première de ces idées, celle d'une transformation radicale de l'ordre social. L'Évangile c'est « la bonne nouvelle, » εὐαγγέλιον, apportée aux pauvres, l'annonce de l'approche du royaume de Dieu, c'est-à-dire du règne de la justice. Les premiers y seront les derniers ; donc l'ordre prétendu naturel sera renversé. A qui sera la terre ? aux plus forts, comme parmi les animaux et comme le veulent les lois darwiniennes ? Non, aux débonnaires (Saint Mathieu, V, 5). Le riche entrera difficilement au ciel, mais Lazare sera reçu dans le sein d'Abraham. Le riche est précipité dans le lieu où il y aura des grincements de dents. Celui qui plaît à Dieu n'est pas celui qui aura su le plus habilement amasser des millions, mais celui qui aura fait le plus pour ses semblables.

La première des lois biologiques, celle qui assure le triomphe des plus aptes, puisqu'elle leur fait sacrifier les autres à leur profit, l'égoïsme, est condamnée sans cesse. « Que nul n'ait en vue ses propres intérêts, mais que chacun ait aussi égard à ceux des autres » (Paul aux Philip., II, 4). La première vertu est la charité. Ce principe est l'essence même de l'Évangile. « Cherchez d'abord la justice et le reste vous sera donné par surcroît. » Profonde vérité économique. En effet, qu'en vertu de lois équitables, chacun jouisse du produit intégral de son travail, et l'activité sera portée au plus haut point. Rien de plus contraire à la prospérité des peuples que des lois iniques.

Si l'on veut appliquer les lois darwiniennes aux sociétés humaines, on détruit l'utilité que l'on avait cru pouvoir tirer de l'histoire considérée comme une leçon morale à l'usage des peuples et des rois. En effet, on arrive alors à considérer l'histoire comme la lutte zoologique des nations et le prolongement de l'histoire naturelle. Quelle instruction morale y a-t-il à tirer de l'étude du monde animal, où l'on voit toujours le plus fort dévorer le plus faible ? Rien de plus odieux et de plus démoralisant.

L'incomparable sublimité de l'Évangile, encore, hélas ! trop méconnue et par les uns et par les autres, consiste dans cette soif ardente de la perfection, dans cette aspiration vers un idéal de justice, qui poussaient Jésus et ses premiers disciples à condamner le monde réel. C'est de là que sont venus la haine de l'iniquité sous toutes ses formes, la recherche d'un ordre meilleur, les réformes, le progrès. Pourquoi les peuples musulmans restent-ils stationnaires, tandis que les peuples chrétiens marchent en avant d'un pas sans cesse plus rapide ? Parce que les premiers se résignent au mal, tandis que les seconds prétendent le combattre et l'extirper. Le stoïcisme dont on ne peut assez admirer l'élévation, l'austérité, la pureté, et les anciens les plus vertueux, comme Marc-Aurèle, s'inclinaient devant les faits, parce qu'ils y voyaient la conséquence nécessaire de l'ordre naturel. Comme les évolutionnistes modernes, ils glorifient les lois de la nature, qu'ils croient parfaites. Leur optimisme va jusqu'à adorer le Cosmos comme divin. « Tout ce qui t'arrange, ô Cosmos, m'arrange, dit Marc-Aurèle. Rien ne m'est prématuré ou tardif de ce qui pour toi vient à l'heure. Je fais mon fruit de ce que portent les saisons, ô nature ! De toi vient tout. En toi est tout. Vers toi va tout.... Si les dieux sont souverainement bons et souverainement justes, ils n'ont rien laissé passer dans l'ordonnance du monde qui soit contraire à la justice et à la raison. » Quel contraste entre cette satisfaction sereine et les réprobations virulentes de Job, des prophètes et de Jésus ! A l'opposé des stoïciens et de M. Herbert Spencer, le vrai chrétien considère le monde comme si complètement infecté de mal qu'il le fuit ou qu'il espère un prochain cataclysme qui le réduira en poudre, pour faire place « à une autre terre et à d'autres cieux. » Le sentiment du stoïcien et du sociologue évolutionniste le conduit logiquement à l'inertie, puisqu'il doit respecter l'ordre actuel comme le résultat de lois nécessaires. Le sentiment du chrétien enfante ce désir ardent d'améliorations, qui, parfois, poussé à l'extrême ou au désespoir, aboutit aux violences révolutionnaires et au nihilisme. Non seulement Jésus, mais tous les grands réformateurs religieux comme Bouddha, Mahomet, Luther, les grands philosophes comme Socrate et surtout Platon, les grands législateurs, depuis Solon et Lycurgue jusqu'aux légistes de la révolution française, toute l'élite de l'humanité frappée des maux qui affligent notre espèce, ont conçu et révélé un idéal d'ordre social plus conforme à la notion de justice. Ils posaient l'utopie en face de la réalité. Plus le christianisme se dépouillera de la dogmatique, pour mettre en relief les idées de réforme morale et sociale contenues dans les paroles de Jésus, plus les sociétés s'éloigneront des principes exposés par M. Herbert Spencer. Dans le magnifique développement du droit romain qui a duré quinze cents ans, une évolution semblable s'est produite.

Au début, dans la loi des XII tables, on retrouve encore les traces de la dure loi du plus fort, symbolisée par la lance, *quir*, qui donne son nom au droit quiritaire. Le père de famille pouvait vendre, exposer, détruire ses enfants. Il avait pouvoir absolu sur ses esclaves qui étaient « sa chose. » Le créancier pouvait mettre en prison et même couper en morceaux le débiteur insolvable, *in partes secanto*. La femme était entièrement dans la main du mari, *in manus*. Peu à peu, grâce au travail continué de siècle en siècle, d'une succession de jurisconsultes éminents, des principes d'humanité et d'équité ont pénétré toutes les parties du droit.

La loi darwinienne qui glorifie la force a fait place à la loi chrétienne qui glorifie la justice ; mais le mouvement chrétien continuera, malgré les objurgations de M. Herbert Spencer et de ceux qui pensent comme lui. Il est la conséquence de la marche de la civilisation, depuis le christianisme, et même depuis le prophétisme d'Israël. Il se manifestera, non plus comme au moyen-âge par des œuvres de miséricorde, mais sous l'empire de la science économique, par les réformes et par l'intervention de l'Etat en faveur des déshérités, qui mettront les hommes en mesure d'obtenir une part de bien-être proportionnée au travail utile qu'ils auront accompli.

Les lois darwiniennes, généralement admises dans le domaine de l'histoire naturelle et pour l'évolution du règne animal, ne seront jamais appliquées dans les sociétés humaines, tant que les sentiments de justice et de charité que le christianisme a gravés dans nos cœurs n'en seront pas complètement extirpés.

ÉMILE DE LAVELEYE.

RÉPONSE A M. E. DE LAVELEYE

L'éditeur de la *Contemporary Review* ayant bien voulu me communiquer une épreuve du précédent article de M. de Laveleye, et m'ayant autorisé à le faire suivre de quelques explications et commentaires, en attendant une réponse complète réservée pour un numéro ultérieur de cette Revue, j'ai écrit les pages suivantes, afin d'éviter de graves malentendus qui pourraient résulter des critiques de M. de Laveleye, si elles paraissaient sans observations.

A la première page de son essai, M. de Laveleye parlant de l'effort fait pour établir « une plus grande égalité parmi les hommes » par l'emploi des revenus de l'État ou des communes, écrit ce qui suit : « M. Spencer considère cet effort fait partout, avec plus ou moins d'énergie, pour améliorer la condition des classes laborieuses comme une violation des lois naturelles qui ne manqueront pas d'en faire porter la peine aux nations égarées par une philanthropie mal inspirée. »

Cette phrase en elle-même et surtout expliquée par tout ce qui suit, est faite pour produire l'impression que je suis opposé aux mesures destinées « à améliorer la condition des classes laborieuses. » Cela est entièrement inexact, comme de nombreux passages de mes livres le prouveraient. Deux questions se posent : Quelles mesures faut-il adopter et qui doit les mettre à exécution ? En premier lieu, il y a plusieurs mesures favorables à l'amélioration de la condition des classes laborieuses, que j'ai toujours soutenu et que je soutiens encore comme devant être prises par les pouvoirs publics généraux ou locaux ; surtout une administration efficace de la justice qui est à leur avantage directement et indirectement, une administration de la justice qui, non seulement réprime la violence et la fraude, mais qui punit promptement quiconque porte atteinte aux droits de son voisin, même par une *nuisance*.

Tout en réclamant une diminution de l'action de l'État de l'ordre « régulateur-positif, » j'ai demandé une extension de l'action de l'État dans le sens « régulateur-négatif, » entendant par là cette intervention qui limite les activités des citoyens dans les bornes qu'impose l'existence d'autres citoyens qui ont le droit de se livrer à des activités semblables. J'ai montré que la mauvaise administration de la justice augmente considérablement les frais de l'existence pour tous (*Study of Sociology*, page 415), et atteint par conséquent tout spécialement les classes laborieuses, dont le sort dépend du coût de la vie.

Parmi les maux de la législation excessive, j'ai signalé, dès le début, celui-ci, à savoir, que tant de questions absorbent l'attention publique, que la question de l'organisation de la justice se trouve négligée, et que la vie sociale est ainsi viciée par les iniquités qui en sont la conséquence (voir *Social Statics — The duty of State*, et aussi *Essays*, vol. II, pages 94-98; vol. III, page 167). En défendant la théorie du laissez-faire dans son sens original, j'ai fait voir que la politique d'intervention universelle aboutit à un laissez-faire malfaisant qui permet aux gens malhonnêtes de s'enrichir aux dépens des gens honnêtes.

En second lieu, il y a d'autres mesures en très grand nombre favorables « à l'amélioration du sort des classes laborieuses, » que j'approuve tout autant que M. de Laveleye. Je me sépare de lui seulement en ce qui concerne l'agent qui doit les mettre à exécution.

Sans vouloir diminuer l'action des philanthropes, tout au contraire, j'ai soutenu à différentes reprises qu'ils atteindraient leur but bien mieux par l'initiative privée que par celle des gouvernements. M. de Laveleye connaît mieux que moi les faits qui prouvent que dans les sociétés en général les arrangements organiques qui pourvoient à la production et à la distribution de la richesse se sont développés, non seulement sans l'aide de l'État, mais presque toujours malgré les obstacles créés par l'État, et par conséquent je suis surpris qu'il ne semble pas admettre cette opinion, que les individus, soit isolés, soit associés, peuvent arriver à des résultats bien supérieurs à ceux que peut obtenir l'État, qu'il est de mode d'invoquer aujourd'hui.[1]

Parlant du domaine de la liberté individuelle, M. de Laveleye dit: « En résumé je pense avec M. Herbert Spencer qu'il faut proclamer très haut que, contrairement aux doctrines de Rousseau, le pouvoir de l'État doit être limité et qu'il est un domaine réservé à la liberté individuelle qui doit toujours être

---

[1] Je n'ai à répondre que deux mots à ce paragraphe. Je n'ai pas dit que M. Spencer est hostile à l'amélioration du sort des ouvriers, mais qu'il ne veut pas de l'intervention positive de l'État dans ce but. C'est précisément ce qu'il affirme. Je pense, comme lui, qu'il faut réduire l'intervention de l'État au minimum, mais là où elle est nécessaire, je la veux efficace. Or je crois qu'elle l'est, quand il s'agit de mettre plus d'égalité entre les hommes, non par des secours ou de la « générosité, » mais par un système général d'instruction et par une bonne organisation de la propriété.

ÉMILE DE LAVELEYE.

respecté, mais les bornes de ce domaine doivent être tracées non par la volonté du peuple, mais par la raison et la science en vue du plus grand bien. »

Je me demande comment cette phrase peut être écrite à mon adresse, comme si elle était en opposition avec mes idées. Mais mon livre : *Social Statics* a pour but spécial d'essayer de marquer ces limites, au moyen « de la raison et de la science. » Dans mes *Data of Ethics*, le chapitre intitulé : *Sociological view* est écrit pour montrer que les limites à imposer à la liberté individuelle peuvent se déduire des lois de la vie, telles qu'elles agissent sous l'empire des conditions sociales. Et dans l'écrit : *The man versus the State*, dont M. de Laveleye s'occupe plus spécialement, une partie du dernier chapitre est consacrée à prouver, par voie de déduction, que les « droits naturels » dérivent des besoins de la vie auxquels chaque homme doit pourvoir, en présence d'autres hommes qui ont à faire face aux mêmes besoins, tandis que dans une autre partie du même chapitre je fais voir, par voie d'induction, que les droits naturels ont commencé à être reconnus au sein des groupes primitifs, par les représailles que provoque tout attentat, représailles qui tendent sans cesse à amener le respect pour les limites légitimes de l'activité individuelle. Si M. de Laveleye ne considère pas que c'est là « établir ces limites au moyen de la raison et de la science, » je demande quelle est l'espèce « de raison et de science » qu'il réclame pour les déterminer.[1]

A une autre page M. de Laveleye écrit : « Je pense que l'État doit faire usage de ses légitimes moyens d'action pour établir, parmi les hommes, plus d'égalité en proportion des mérites. » Je fais remarquer d'abord que l'expression « ses légitimes moyens d'action » semble trancher la question, puisque le point en discussion est précisément de savoir quels sont « les moyens légitimes d'action, » mais j'ajoute que je suis surpris de lire cette phrase émanant d'un économiste aussi distingué. M. de Laveleye parle de « la vieille économie politique, » faisant entendre qu'il est un économiste de la nouvelle école qui n'accepte pas les doctrines de l'ancienne ; mais je n'étais point préparé à ce qu'il s'en séparât au point de nier que dans la plupart des cas « une rémunération proportionnée aux mérites » résulte de l'action libre de l'offre et de la demande. Après toutes les souffrances infligées aux hommes, pendant tous les siècles passés, par les tentatives absurdes de l'État de régler les prix et les salaires, je m'attendais encore moins à voir un économiste avoir en l'État une confiance assez grande pour le charger de proportionner

---

[1] Je n'avais critiqué chez M. Spencer que l'appel fait (page 85) à l'opinion et à la volonté populaires, dans le passage : « Si l'on demandait à tous les Anglais, etc., etc. » Je voulais dire que la volonté populaire doit être subordonnée à la voix de la science et de la raison, celles-ci étant incorporées dans une assemblée renfermant l'élite de la nation, c'est-à-dire, un sénat idéal comme celui que rêvaient Platon et Aristote, le marquis Alfieri et lord Rosebery.

E. L.

« la rémunération aux mérites. » Je sais qu'il en est qui prétendent que le salaire doit être proportionné aux désagréments de la besogne accomplie, entendant par là, je suppose, qu'un équarrisseur ou un veilleur de nuit toucherait trois guinées par jour, et un médecin une demi-couronne. Mais avec un arrangement pareil, je pense que la dépense et le temps nécessaires pour former un médecin n'étant pas compensés, il n'y aurait bientôt plus de médecins, ni personne capable de remplir les fonctions de l'ordre supérieur. Je ne crois pas que M. de Laveleye ait précisément en vue un règlement de ce genre, mais si, après l'expérience du passé et du présent, il a foi dans l'« officiel » pour juger et récompenser les mérites personnels, il est doué d'une confiance qui m'étonne.[1]

L'une des questions que pose M. de Laveleye est celle-ci : « Si faire intervenir les pouvoirs publics pour relever les classes ouvrières c'est remonter le cours de l'histoire et revenir à l'ancien type militant des sociétés, comment se fait-il que le pays où le type nouveau de l'organisation industrielle s'est développé plus complètement qu'ailleurs, c'est-à-dire l'Angleterre, soit en même temps celui où cette intervention de l'État est poussée le plus loin et surtout où l'on réclame les mesures les plus énergiques dans ce sens ? »

Outre la question principale, des questions accessoires sont soulevées ici. J'ai déjà dit que je m'opposais, non à « toute intervention des pouvoirs publics en faveur des classes laborieuses, » mais à un certain genre d'intervention. L'abolition des lois interdisant la coalition des ouvriers et le libre déplacement des artisans étaient certes des lois améliorant le sort des classes laborieuses » et j'aurais été heureux de contribuer à les faire adopter. De même, en ce moment, je désire qu'il soit pris des mesures sévères et efficaces pour empêcher qu'on embarque, dans un but frauduleux, des matelots sur des navires incapables de tenir la mer. Mes plus vives sympathies sont acquises à ceux qui dénoncent les usurpations constantes des propriétaires, les clôtures des communaux et des bordures gazonnées des *Lanes* par exemple. Ces injustices et d'autres du même genre, dont souffrent les classes laborieuses et qui remontent haut, je ne suis pas moins désireux que M. de Laveleye de les voir empêchées, à condition qu'on prenne bien soin de ne pas en commettre d'autres, en y portant remède. Il s'ensuit que M. de Laveleye dans la phrase citée plus haut s'est mal exprimé. En

---

[1] Actuellement la libre concurrence n'apporte pas une rémunération équitable parce que le contrat n'est pas vraiment libre. Le petit fermier et l'ouvrier *doivent* tout accepter sous peine de mourir de faim. C'est ce qu'a démontré M. Spencer dans le chapitre des *Social Statics* cité plus haut. Je ne veux pas que l'État fixe les prix et les salaires, mais je demande qu'il soit établi un régime social semblable à celui qui existe à peu près en Norvège, par exemple, ou que l'égalité des conditions soit assez grande pour que le contrat soit réellement libre et par conséquent équitable. E. L.

outre, il dit que j'appelle cette intervention des pouvoirs publics en faveur des ouvriers un retour à « l'ancien type militant des sociétés. » C'est une erreur : car dans les anciennes sociétés militantes, on s'occupait peu du sort des classes laborieuses ; on n'y pensait même pas. Ce que j'ai dit c'est que le système de coercition qu'on recommande est semblable au système de coercition en vigueur dans les sociétés militantes, le but poursuivi étant complètement différent.

Mais revenant au point principal soulevé dans sa question, j'y veux répondre par une « contre-demande : » Pourquoi la nouvelle organisation industrielle est-elle plus développée en Angleterre qu'ailleurs et sous quelles conditions s'est-elle ainsi développée ? J'ai à peine besoin de faire remarquer à M. de Laveleye que l'époque pendant laquelle l'organisation industrielle s'est développée en Angleterre plus qu'ailleurs était un temps où la forme du gouvernement était moins « coercitive » et où les individus étaient plus libres qu'ailleurs. Et si des philanthropes enthousiastes, entraînés par les admirateurs des bureaucraties continentales, augmentent les interventions administratives plus rapidement ici que sur le continent, c'est évidemment parce qu'il y a plus de place ici qu'ailleurs pour cette extension.

Pour prouver que les méthodes coercitives améliorent les conditions des classes laborieuses, M. de Laveleye dit : « Un fait suffit pour démontrer le grand progrès dû à l'intervention de l'État : c'est qu'en Angleterre au sein d'une population qui augmente sans cesse, la criminalité diminue notablement et rapidement. » Sans m'arrêter au fait noté dans l'*Histoire de la criminalité en Angleterre* par M. Pike, que les cas de violence et les délits avaient beaucoup augmenté durant la période de guerre qui s'est terminée à Waterloo, et sans faire ressortir qu'après le temps de relèvement qui a succédé à ces longues guerres, il s'est produit une diminution de crimes en même temps qu'une grande diminution de législation coercitive qui a caractérisé cette longue période de paix, je ferai remarquer que la première condition pour tirer des conclusions de certains faits est d'ajouter : « toutes choses égales d'ailleurs. » M. de Laveleye ne tient pas compte de deux facteurs bien plus importants que tous les autres et qui ont produit une véritable révolution : les chemins de fer et le libre échange, le libre échange résultant de l'abolition des interdictions gouvernementales en matière de commerce, obtenues après une longue lutte ; les chemins de fer construits par l'initiative privée, en dépit d'une opposition énergique, soutenue au sein du parlement. Sans aucun doute, la prospérité due à ces deux facteurs a grandement amélioré le sort des classes ouvrières et ainsi a diminué la criminalité, car certainement en diminuant la difficulté de se procurer des subsistances, on diminue les tentations de recourir au crime.

Si M. de Laveleye n'a eu en vue que la diminution récente de la criminalité, alors, à moins qu'il ne nie le rapport qui existe entre l'ivrognerie et le crime, il doit admettre que l'agitation pour la tempérance, avec ses engagements, avec « ses Sociétés d'espérance » et avec sa « Ligue du ruban bleu, » a contribué notablement à ce résultat.

Avant de passer à la question principale, qu'on me permette de relever encore quelques points de détail. M. de Laveleye dit : « Je pense que l'erreur fondamentale du système de M. Herbert Spencer qui est généralement accepté aujourd'hui, consiste dans la croyance que si le pouvoir de l'État était suffisamment réduit.... » En regard de cette phrase, je reproduirai celle-ci, écrite récemment par M. Frédéric Harrison : « M. Spencer vient de publier *The man versus the State*, auquel il espère à peine convertir quelqu'un et dont un critique peu bienveillant aurait pu changer le titre en celui-ci : *M. Spencer contre toute l'Angleterre.* » La crainte de voir triompher mes arguments qui a, je pense, poussé M. de Laveleye à les combattre, est évidemment peu fondée. Je voudrais bien pouvoir croire que son appréciation est plus juste que celle de M. Harrison.[1] M. de Laveleye dit : « La loi que M. Herbert Spencer voudrait voir appliquer à la société est la loi darwinienne la « survie des plus aptes. » On me pardonnera peut-être si j'essaye de prévenir la confirmation d'une erreur qui a généralement cours. Dans son article, M. de Laveleye a emprunté au livre *Social Statics* des passages montrant avec insistance les avantages de la « survie des plus aptes, » aussi bien au sein de l'humanité que dans le règne animal, quoiqu'il ne tienne pas compte de ce fait que tout l'ouvrage est une exposition complète des conditions et des limites sous lesquelles la loi naturelle de l'élimination des incapables doit être admise à opérer. Ce que je veux seulement faire ici c'est corriger l'impression que sa phrase citée plus haut peut produire en me bornant à rappeler deux dates. Le livre *Social Statics* a été publié en 1851, et celui de Darwin, *Origine of Species*, en 1859.[2]

Et maintenant j'arrive au point principal en discussion. Après avoir affirmé que je voudrais voir la société adopter comme principe prédominant la loi de la « survie des plus aptes, » M. de Laveleye décrit quelles seraient les conséquences de cette loi appliquée à l'humanité. Voici ses paroles : « Tel est donc l'ordre idéal qui devrait, dit-on, régner également au sein des sociétés humaines ; mais tout s'y oppose dans cette organisation actuelle,

---

[1] La partie des doctrines de M. Spencer qui fait tant de prosélites n'est pas celle où il combat l'intervention de l'État, mais celle où il préconise l'application des lois dites darwiniennes aux sociétés humaines ; c'est cette manière de voir que je considère comme très funeste parce qu'elle affaiblit l'amour de la justice. — E. L.

[2] Pour désigner les lois biologiques de la « lutte pour l'existence » et de la « survie des plus aptes » j'ai employé l'expression « lois darwiniennes, » parce que c'est sous ce nom qu'elles sont généralement connues. Mais je n'ai nullement entendu enlever à M. Spencer la gloire de les avoir formulées d'abord. — E. L.

que les économistes et M. Spencer lui-même considèrent comme naturelle. Un lion vieux et malade capture une gazelle : survient un autre lion vigoureux et jeune, il s'empare de la proie et survit pour perpétuer l'espèce ; l'autre succombe dans la lutte ou meurt de faim. C'est la loi bienfaisante de la survie des mieux doués. Elle règne encore parmi les tribus sauvages. Mais en est-il de même dans notre ordre social ? Nullement. Le riche, mal constitué, incapable, maladif, jouit de son opulence et fait souche sous la protection des lois civiles, et si un Apollon doué de la force d'un Hercule veut lui enlever ce qu'il possède, il est mis en prison. Il sera même pendu s'il s'avise d'appliquer à son profit la loi darwinienne de la sélection. »

Quoique dans une page suivante M. de Laveleye reconnaisse le fait que la « survie des plus aptes, » entendue dans ses applications sociales, comme je le fais, est la survie de ceux qui ont une supériorité industrielle et qui sont les mieux constitués pour répondre aux exigences de la société, dans le paragraphe que je cite ici il semble dire que la doctrine que je soutiens approuverait des procédés violents pour remplacer les moins bien doués par les mieux doués. A moins qu'il ne veuille prétendre que je voudrais voir opérer le principe de la même façon parmi les hommes que parmi les animaux, pourquoi a-t-il écrit ce paragraphe ? Dans l'écrit qu'il a sous les yeux, sans invoquer d'autres de mes ouvrages, il trouvera constamment la preuve que je déteste surtout les agressions violentes. Il n'a pas besoin, je pense, que je lui rappelle que depuis mon premier livre publié il y a déjà plus d'un tiers de siècle jusqu'à cette heure, j'ai réclamé sans relâche le changement de toutes les lois qui amenaient des injustices ou qui ne remédiaient point aux injustices commises soit par un individu contre un autre, soit par une classe contre une autre, soit par un peuple contre un autre.

Pourquoi donc M. de Laveleye fait-il croire que je voudrais, si je le pouvais, établir le règne de l'injustice sous sa forme la plus brutale ?[1] S'il était nécessaire de prouver que, suivant moi,

---

[1] Telle évidemment n'a pas été ma pensée. Je sais trop bien que M. Spencer a voué toute sa vie au culte de la vérité et au bien de l'humanité, mais il s'agit de savoir où aboutissent les lois darwiniennes ou plutôt spenceriennes, appliquées aux sociétés. Or dans le passage des *Social Statics*, page 322, reproduit dans *Man versus the State*, page 67, M. Spencer, après avoir décrit, en termes d'une étonnante énergie, le procédé d'élimination des faibles dans les combats pour la nourriture et la femelle, ajoute : « Le bien-être de l'humanité actuelle et son évolution vers sa suprême perfection sont également assurés par cette même bienfaisante quoique dure discipline, à laquelle toute la création animée est sujette, discipline sans pitié dans la poursuite du bien, loi tendant à la félicité, qui jamais ne cède pour éviter des souffrances partielles et temporaires. » M. Spencer ébloui par la découverte, en effet si importante, des lois biologiques, n'a pas fait attention que « cette poussée des forts qui élimine les faibles » (*those shoulderings aside of the weak by the strong*)

la lutte pour l'existence au sein de la société et la multiplication des mieux doués pour cette lutte doit être soumise à des limites rigoureuses, je pourrais citer le passage suivant des *Data of Ethics*, en faisant remarquer que le mot coopération qui y est employé, doit être entendu dans son sens le plus large, comme comprenant tous ces efforts combinés par lesquels les citoyens mènent la vie sociale : « Il est facile de définir les traits principaux d'un code sous l'empire duquel la vie serait assurée dans son complet développement, par la coopération volontaire, en opposition radicale avec la coopération coercitive caractérisant le type militant des sociétés. La condition principale est que les actes de l'individu ayant pour but d'entretenir la vie rapportent, chacun, la quantité et le genre d'avantages naturellement réalisés par cet acte. Ceci implique d'abord que l'individu ne sera exposé à aucune agression directe, ni dans sa personne ni dans sa propriété, et secondement qu'il ne subira aucune agression directe par la violation des contrats. L'observation de ces conditions négatives posées à la coopération volontaire ayant favorisé, au plus haut degré, le développement de la vie par l'échange de services en vertu du contrat, la vie sera facilitée encore davantage par des échanges de service en dehors du contrat; le plus haut degré de vie se trouvant atteint seulement quand les hommes compléteront leur existence, d'abord à l'aide de réciprocités spécifiées, ensuite d'autre façon encore » (*Data of Ethics*, page 149).

Ce passage pose la question en sa forme essentielle. On remarquera que deux genres de conditions sont spécifiées qui, si elles sont observées, conduiront les hommes vivant en société au plus haut degré de félicité. La première série de conditions embrasse ce que l'on désigne par le terme général de justice ; la seconde série correspond à ce que nous appelons bienfaisance. La thèse de M. de Laveleye et des multitudes qui pensent comme lui est que la société, par son gouvernement, peut à la fois administrer la justice et pratiquer la bienfaisance. D'un autre côté, moi et le petit nombre de ceux qui pensent comme moi, nous prétendons que la justice seule doit être administrée par la société en tant que corporation, et que la pratique de la bienfaisance doit être abandonnée aux individus et aux associations volontaires. Assurer à chacun sécurité pour sa personne et pour sa propriété, aussi bien que rémunération pour ses services à proportion de ce que les concitoyens s'engagent à lui donner, voilà la fonction de l'Etat ; tandis que lui donner des secours et lui procurer des avantages au delà de ce qu'il a gagné est affaire privée. La raison pour maintenir cette distinction, est que l'Etat ne peut pas se charger de cette seconde fonction sans

---

ne se fait pas de même, dans nos sociétés, au profit des être physiquement forts et beaux, mais à l'avantage des puissants, des riches et trop souvent des tyrans et des coquins.

E. L.

cesser de remplir la première. La condition essentielle de la vie sociale doit être violée pour accomplir ce qui n'est pas essentiel. Sous le règne de la justice pure,[1] non accompagnée de bienfaisance, la vie sociale peut se développer, quoique point la plus haute vie sociale ; mais le règne de la bienfaisance sans la justice, c'est-à-dire un système d'après lequel ceux qui travaillent ne sont pas payés, afin que ceux qui se sont livrés à la paresse et à l'ivrognerie puissent être préservés de la misère, est fatal et tout ce qui nous en rapproche est funeste.

Le seul régime vraiment bienfaisant est celui où la conduite de chacun emporte ses conséquences naturelles en bien ou en mal, suivant les cas, et la mission de l'État est de faire en sorte que les citoyens ne soient pas privés des bons résultats de leurs actes et ne puissent pas non plus faire subir aux autres les mauvais effets de leurs fautes ou de leurs négligences. Si des individus, agissant comme personnes privées, veulent, par affection ou par charité, mitiger ces conséquences fâcheuses, qu'ils soient libres de le faire. Aucun pouvoir ne peut équitablement les empêcher de faire des efforts pour diminuer les souffrances des malheureux et des mal doués ; mais aucun pouvoir non plus ne peut les y contraindre.

Si M. de Laveleye[2] soutient, comme il semble, que faire prévaloir les conséquences normales qui doivent résulter de la conduite de chacun, si juste que cela soit en principe, est impra-

---

[1] Je réclame de l'État, non comme le dit M. Spencer, des actes de bienfaisance, mais rien que justice, seulement je veux toute justice. Lorsque la grande masse des hommes est exclue de la propriété, l'injustice règne, ainsi que l'a si bien prouvé M. Spencer lui-même. Dès lors, quand l'État intervient pour donner aux déshérités l'instruction gratuite, quand il les défend contre les excès du travail, quand il porte atteinte au libre contrat en Irlande, quand il exproprie des bouges infects pour améliorer les demeures des ouvriers, quand il accorde quelques moyens de subsistance à ceux qui sont privés de travail, toutes mesures que M. Spencer condamne, l'État ne pratique pas la bienfaisance, car ce sont là autant d'actes de justice réparative. Le jour où l'ordre social sera constitué sur la base des deux principes essentiels proclamés par M. Spencer : « à chacun suivant ses œuvres » et « *qui non laborat nec manducet,* » l'État pourra s'abstenir des actes de justice réparative et se contenter d'appliquer la justice pure. E. L.

[2] Dans ces dernières lignes, M. Herbert Spencer me semble concéder le point capital que je tenais à établir. Si les institutions actuelles, par la trop grande inégalité qu'elles maintiennent, donnent lieu à de nombreuses injustices, comme on ne peut « rapidement » modifier un état social résultant de tout le passé, il faut réparer ces injustices, et si on le fait, ce ne sera pas créer des injustices nouvelles. Ce sera au contraire, si les mesures sont bien entendues comme l'est par exemple l'organisation d'une bonne instruction populaire, le seul moyen de préparer peu à peu l'avènement de cet ordre normal et rationnel où les conséquences normales des actes humains et du libre contrat seront réellement conformes à l'équité. E. L.

ticable dans les conditions sociales actuelles, qui sont telles qu'en beaucoup de cas les uns reçoivent ce qu'ils n'ont pas gagné ou autrement mérité d'une façon équitable, tandis que d'autres sont empêchés même de vivre par leur travail, dans ce cas voici ma réponse: Quand cet état de choses est dû à des arrangements sociaux injustes, efforçons-nous de corriger ces arrangements aussi rapidement que possible, mais n'adoptons pas cette politique désastreuse de créer des injustices nouvelles, pour diminuer les maux produits par des injustices anciennes.

Herbert Spencer.

Revue Internationale

paraissant à Florence

LE DIX ET LE VINGT-CINQ DE CHAQUE MOIS

Directeur	Rédacteur en chef
ANGELO DE GUBERNATIS	AUGUSTE FANTONI

CONDITIONS DE L'ABONNEMENT.

On s'abonne à Florence au Bureau de l'administration, **Villino Vidyà, Viale Principe Eugenio** et chez les principaux libraires.

Prix de l'Abonnement:

	Un an	Six mois
Pour l'Italie	40 francs	22 francs
Pour l'Étranger (Union postale)	45 francs	25 francs
En dehors de l'Union postale	52 francs	28 francs

La *Revue Internationale* paraît tous les quinze jours, le 10 et le 25 de chaque mois, depuis le 25 décembre 1883, en livraisons de dix feuilles (160 pages).

Dans chaque livraison, elle publie un ou deux articles sur la situation politique du jour; une chronique politique; une ou deux nouvelles, originales ou traduites; des articles littéraires, scientifiques, économiques intéressants; des critiques d'art; des revues de livres; des correspondances littéraires régulières de Paris, de Londres, de Berlin, de Vienne, de Pest, de Bukharest, de Constantinople, de Belgrade, de Prague, de Sophie, d'Athènes, de Zante, de Genève, de Bruxelles, de Leyde, de Saint-Pétersbourg, de Kiew, de Moscou, de Varsovie, de Stockholm, de Christiania, de Copenhague, de l'Islande, de New-York, de Lisbonne, de Madrid, de l'Amérique du Sud (plusieurs), de l'Inde, de la Chine, du Japon, de l'Australie. Les correspondances sont signées par des écrivains bien connus dans le monde littéraire et les plus autorisés à représenter leur pays dans cette grande cour internationale, dans ce congrès littéraire permanent représenté par la *Revue*. Elle suit régulièrement la production littéraire de chaque pays et donne de nombreux extraits et des traductions pour mettre immédiatement tous les lecteurs au fait de ce qui se passe dehors. Elle tâche, en somme, de se rendre utile et presque indispensable pour la culture générale de chaque pays. Les personnes quelque peu cultivées connaissant la langue française, l'on a choisi cette langue comme le meilleur intermédiaire pour une œuvre de civilisation.

Florence, J. Pellas, Impr. de la *Revue Internationale*.

www.ingramcontent.com/pod-product-compliance
Lightning Source LLC
Chambersburg PA
CBHW060717050426
42451CB00010B/1492